I've Enjoyed Eating Rice Today

The staple food of Koreans is rice. Rice is also the staple food for half the people of the world, and there are about 15,000 different kinds of rice. As a cereal grain, it is the most widely consumed food, especially in Asia. The rice under the plow have been playing the role of staple food since a long time ago.

Today, the majority of all rice produced comes from China, India, Indonesia, Bangladesh, Vietnam, Thailand, Myanmar, Pakistan, Philippines, Korea and Japan. Asian farmers still account for 90% of the world's total rice production.

Rice is a mainstay for the rural population and their food security.

It is also a wage commodity for workers in the cash crop or non-agricultural sectors. Rice is vital for the nutrition of much of Asia, as well as Latin America, the Caribbean and Africa. It is a central food security for over half the world population.

But consumption of rice is constantly decreasing in Korea. Rice is losing its ground as the nation's traditional staple food; all due to the fact that a larger number of people are growing accustomed to Western-style dietary habits. With new trends and food culture, Koreans' rice consumption may decrease even more in the future, thus changing the food items on people's tables.

This book shares stories about the history of rice and its impact on a country's culture- past, present, and future. It also discusses the global food shortage. Children will learn to consider the history, origin, and production of rice, along with the challenges the world faces.

We don't miss something until it's gone. This book will make us realize the importance of rice.

In the Text
The four ancient civilizations of the world originating from rice
The staple food of the Koreans is rice
Food history in Korea
Korean folk culture with rice
The future of food

오늘도
쌀
잘 먹었어요

풀과바람 지식나무 35

오늘도 쌀 잘 먹었어요
I've Enjoyed Eating Rice Today

개정판 1판 1쇄 | 2017년 11월 15일
개정판 1판 3쇄 | 2020년 3월 25일

글 | 김남길
그림 | 강효숙

펴낸이 | 박현진
펴낸곳 | (주)풀과바람
주소 | 경기도 파주시 회동길 329(서패동, 파주출판도시)
전화 | 031) 955-9655~6
팩스 | 031) 955-9657
출판등록 | 2000년 4월 24일 제20-328호
홈페이지 | www.grassandwind.co.kr
이메일 | grassandwind@hanmail.net

편집 | 이영란
마케팅 | 이승민

ⓒ 글 김남길, 그림 강효숙, 2017

이 책의 출판권은 (주)풀과바람에 있습니다.
저작권법에 의해 보호를 받는 저작물이므로 무단 전재와 복제를 금합니다.

값 11,000원
ISBN 978-89-8389-724-4 73400

※ 잘못 만들어진 책은 구입처에서 바꾸어 드립니다.

이 도서의 국립중앙도서관 출판예정도서목록(CIP)은 서지정보유통지원시스템 홈페이지(seoji.nl.go.kr)와
국가자료공동목록시스템(www.nl.go.kr/kolisnet)에서 이용하실 수 있습니다. (CIP제어번호 : CIP2017027034)

제품명 오늘도 쌀 잘 먹었어요	제조자명 (주)풀과바람	제조국명 대한민국	⚠ 주의
전화번호 031)955-9655~6	주소 경기도 파주시 회동길 329		어린이가 책 모서리에
제조년월 2020년 3월 25일	사용 연령 8세 이상		다치지 않게 주의하세요.
KC마크는 이 제품이 공통안전기준에 적합하였음을 의미합니다.			

오늘도 쌀 잘 먹었어요

김남길 · 글 | 강효숙 · 그림

풀과바람

머리글

여러분은 오늘도 밥으로 세끼를 먹었나요? 요즘은 식생활의 변화로 하루 세끼를 다 밥으로 먹는 경우가 드물어졌습니다. 밥보다 맛있는  먹을거리들이 사방에서 우리의 입맛을 유혹하고 있으니까요.

그러나 누구라도 밥을 몇 번 거르고 나면 금세 밥 생각이 날 거예요. 그것은 우리도 모르는 사이에 몸의 체질이 밥을 챙겨 먹도록 되어 있기 때문이랍니다. 밥은 예로부터 우리의 식탁을 차지한 터줏대감이에요.

쌀은 나라 살림의 근본이었고, 밥은 우리 민족의 든든한 주식이었지요. 쌀은 시대에 따라 고급의 밥상이 되기도 했고, 월급으로 지급되기도 했어요. 근대에 이르러서는 물가의 기준값이 될 만큼 그 가치가 높이 평가되었답니다.

쌀의 아버지인 벼는 뒤늦게 외국으로부터 흘러 들어온 종이랍니다. 그런데 쌀은 밥이 되어 우리의 식탁을 점령하게 되었어요. 왜 그런지는 본문에서 알아보도록 해요.

여러분, 온 국민이 쌀밥을 먹기 시작한 때가 언제인지 아시나요? 지금은 쌀이 남아돌고 있으나 불과 몇십 년 전까지만 해도 정반대였답니다. 잘사는 집 말고는 밥상 위에 쌀밥을 올려놓지 못했어요. 쌀의 생산량이 턱없이 부족한 데다 하나같이 힘들게 살 때였으니까요. 집집이 밀가루로 죽을 쑤어 먹거나 고구마, 감자 등으로 끼니를 해결하곤 했답니다. 기나긴 보릿고개 때는 풀뿌리나 나무껍질로 허기를 채우는 가족들도 있었지요.

그 시대에는 단순히 먹는 일이 너무 중요해서 사람들은 '먹고 죽은 귀신이 때깔도 좋다'며 잘 먹는 것을 소원으로 여길 정도였답니다. 여러분은 부모님 세대나 할아버지 세대에 비하면 정말 행복한 생활을 하고 있는 거예요.

쌀은 우리 민족에게 먹을거리 이상의 풍요를 가져다주었답니다. 쌀로 인해 민속, 민요, 풍속 등의 공동체 문화가 탄생했지요. 또한 우리 민족의 장기인 은근과 끈기의 정신도 밥심에서 나온 것이랍니다.

현재 쌀은 인류의 미래 식량으로 주목받고 있어요. 기타 작물보다 질과 양적으로 우수한 품종이기 때문이지요.

여러분은 이 책을 통하여 내가 먹고 있는 밥 한 끼가 우리 모두에게 얼마나 큰 힘이 되고 있는지 알았으면 해요.

차례

곡식은 인류의 생명 에너지 · 8

곡식이 주식이 되기까지 · 11

곡식은 세계 4대 문명의 아버지 · 14

우리가 먹는 쌀, 자포니카 · 19

우리나라의 밥상 역사 · 23

조상들은 왜 쌀을 선택했을까? · 39

쌀과 함께한 민속 문화 · 52

어떤 쌀이 좋은가? · 59

껍질을 벗어야 쌀로 태어나요 · 65

식량의 미래 · 69

밥을 먹자 · 74

벼가 환경에 미치는 영향 · 84

쌀 관련 상식 퀴즈 · 94

쌀 관련 단어 풀이 · 102

 곡식은 인류의 생명 에너지

　세상에는 없어서는 안 되는 것들이 참 많아요. 물, 에너지, 태양, 공기, 자연환경 등은 우리가 살아가는 데 꼭 필요한 것들입니다. 그렇다면 사람들이 목숨을 이어 가는 데 가장 중요한 것은 무엇일까요?

　우리의 몸에 영양을 공급하는 먹을거리야말로 가장 중요한 생명줄입니다. 인류가 원숭이의 모습에서 현재의 인간으로 진화할 수 있었던 것은 다양한 먹을거리 덕분이었으니까요. 이 먹을거리들을 통틀어 '식량'이라고 할 수 있어요.

사람은 자동차가 없어도 살 수 있지만, 식량 없이는 며칠조차 살 수 없답니다. 식량은 만물의 영장인 인류의 생명 에너지이기 때문이죠.

식량을 작은 범위로 좁히면 곡식과 고기를 일컫습니다. 여기서 한 나라의 사람들이 주로 소비하는 식량을 '주식'이라고 해요.

우리나라 사람들의 주식은 쌀이랍니다. 쌀은 우리나라의 주식일 뿐 아니라 아시아 국가들의 주식이기도 해요. 쌀은 120여 국가에서 1년 동안 약 5억 톤가량 생산하고 있답니다. 그리고 세계 인구의 40퍼센트가량이 이 쌀을 주식으로 삼고, 나머지 국가의 대부분도 곡식을 주식으로 먹고 있어요.

예를 들어 잡곡으로 분류되는 옥수수는 남아메리카 사람들이 주식으로 즐겨 먹습니다.

서양의 여러 나라는 밀과 고기를 주식으로 삼고 있지만 여전히 곡식의 비중이 크답니다. 그러므로 곡식은 전 인류의 90퍼센트 이상을 먹여 살리는 생명 에너지임이 분명하지요.

 그런데 곡식이 현대인들의 식탁에 주식으로 자리 잡기까지는 기나긴 세월이 걸렸답니다.

곡식이 주식이 되기까지

곡식이 인류의 먹을거리로 등장한 시기는 선사 시대부터랍니다. 선사 시대는 문자의 기록이 없이 유물과 유적만 남아 있는 역사 시대를 말해요. 즉, 구석기와 신석기 시대를 말합니다.

구석기인들은 일찍이 야생에서 자라는 조, 피, 수수, 보리, 기장 등의 곡물을 발견했습니다. 그리고 그 곡물들의 열매를 수확하여 불에 구워서 먹었지요. 하지만 곡물의 열매는 끼니를 해결하는 데 큰 도움을 주지 못했고, 보통은 동물을 사냥해서 먹고살았답니다.

그들은 새로운 식량을 찾아 끝없이 떠돌이 생활을 해야 했어요. 그래서 구석기인들의 주식은 살아가는 환경에 따라 다 달랐습니다. 강가에 살던 조상들은 물고기나 조개를 잡아서 배를 채웠고, 산간 지역에 사는 조상들은 나무 열매와 짐승을 사냥하여 먹고살았답니다. 구석기 시대에는 곡식이 주식이 되지 못하고 간단한 먹을거리에 불과했던 거예요.

곡식이 서서히 주식으로 자리 잡기 시작한 시기는 신석기 시대랍니다. 신석기인들은 야생 작물의 씨앗을 받아 키워서 수확했습니다. 비로소 인류가 농사에 눈을 뜨게 된 것이죠.

신석기 시대의 조상들은 농사짓는 법을 알게 되면서 떠돌이 생활에서 벗어날 수 있었어요. 한자리에서 넉넉한 식량을 얼마든지 얻을 수 있었으니까요. 이때는 흙으로 구워 만든 토기에 곡식을 저장하여 보관하기도 했

답니다. 이 시대의 볍씨가 요즘 시대에 발굴되는 것도 토기 안에 곡식을 잘 보관해 두었기 때문이지요.

신석기인들은 움집을 지어 편안하게 정착 생활을 하며 고기를 손쉽게 얻어내는 방법도 알아냈어요. 굳이 힘들게 사냥하여 고기를 얻지 않고 야생 동물을 붙잡아 기르기 시작한 것입니다.

우리가 현재 먹고 있는 닭, 오리, 소, 양 등의 고기들은 이 시대의 조상들이 가축으로 길들여 놓은 덕분이지요. 신석기인들은 인류 최초로 농업과 축산업을 동시에 일으킨 농사꾼들인 셈입니다. 곡식은 이 시기부터 인류의 위대한 식량으로 뿌리를 내리게 되었답니다.

 곡식은 세계 4대 문명의 아버지

　인류의 문명이 시작된 것은 기원전 3000년쯤이랍니다. 문명은 문자가 만들어지고 법과 제도에 의해 사람들을 다스리던 시기를 말해요.
　문명의 발생지는 역사적으로 네 군데가 있어요. 이집트 문명, 메소포타미아 문명, 인더스 문명, 황허 문명이지요. 이 문명들은 모두 강 주변에서 탄생하여 널리 퍼져 나갔습니다.
　그럼 인류의 문명이 모두 강가에서 탄생하게 된 배경은 무엇일까요? 필요한 식량을 대량으로 생산할 수 있다는 점입니다. 강 주변은 물이 풍부하고 땅이 기름져서 농사짓기에 알맞은 환경이지요. 당연히 먹을 것이 많은 곳으로 사람들이 모여들었고, 자연히 도시 국가가 탄생하게 되었답니다.

　문명사회의 기틀을 마련해 준 곡물은 밀과 쌀이랍니다. 밀은 이집트와 메소포타미아 문명에 생명을 불어넣었고, 쌀은 인더스와 황허 문명을 일으키는 데 결정적인 역할을 했어요.
　이 문명들이 밀과 쌀로 재배 작물이 달라진 것은 강수량의 차이 때문이랍니다. 이집트와 메소포타미아 문명은 메마른 건조 지역으로 비가 자주 내리지 않는 위치에 있습니다. 그래서 건조한 기후에서도 잘 자라는 밀을

선택하여 밭작물로 기르게 된 것이죠. 현재도 밀이 재배되고 있는 지역은 대부분 강수량이 부족한 곳이 많답니다.

그러나 인더스와 황허 문명이 탄생한 아시아 지역은 다릅니다. 여름마다 열대성 저기압이 지나가는 곳에 있습니다. 인도와 동남아시아 지역은 사이클론이 지나가고, 중국 남부와 우리나라, 그리고 일본은 태풍의 영향권에 놓여 있어요. 열대성 저기압은 벼가 무럭무럭 자라나는 시기에 많은 비를 뿌려 주기 때문에 논농사를 짓는 데 아주 유리하지요.

밀과 쌀은 현재에도 가장 많이 생산되는 곡식으로 세계인들의 주식으로 애용되고 있답니다. 밀은 세계 각지에서 고루 재배되며, 특히 유럽과 오스트레일리아, 북아메리카 지역민들이 주식으로 소비하고 있어요. 대개 가루로 빻아 빵을 만들어서 먹는답니다.

쌀은 아시아인들의 주식으로 보통 쪄서 밥으로 먹지요. 아시아는 세계 쌀의 90퍼센트 이상을 생산하고 소비하는 거대한 시장이랍니다.

인류는 먹을거리를 풍족하게 얻으면서 문명을 눈부시게 발전시켰습니다. 화려한 도시가 생기고 곳곳에 공장들이 들어섰지요.

옛날 사람들은 대부분 농사를 지어서 먹고살았지만, 지금은 직접 농사를 짓지 않고도 먹고살 수 있게 되었어요. 돈으로 식량을 살 수 있는 시대가 된 것이죠.

그런데도 사람들은 식생활 문제만큼은 식량과 연결하여 이야기합니다. 돈벌이가 시원찮을 때는 '쌀이 떨어졌다', '입에 풀칠한다', '목구멍이 포도청이다'라는 표현을 쓰지요. 반대로 돈벌이가 좋을 때는 '먹고살 만하다'고 말하곤 합니다. 그것은 오랜 옛날부터 먹고사는 문제의 중요성이 식량에 담겨 있음을 의미하는 것이랍니다. 식량은 문명의 아버지로서 오늘날의 현대화된 산업 사회를 이룩하는 데 근본적으로 이바지했기 때문이에요.

 우리가 먹는 쌀, 자포니카

전 세계에서 생산되는 쌀은 크게 두 가지 종으로 나뉩니다. 바로 자포니카와 인디카이지요. 이 두 종은 사티바라 불리는 야생 벼의 후손들이랍니다.

자포니카는 우리가 즐겨 먹는 쌀로 낟알이 둥글고 찰기가 있는 특징이 있어요. 인디카는 모양이 길쭉하고 쪄 놓으면 고슬고슬하지요.

흔히 자포니카는 밥그릇을 사용하는 식사로 알맞고, 인디카는 접시를 쓰는 요리용으로 적당해요. 자포니카는 동북아시아(한국, 일본, 중국 북부 지방) 사람들의 주식이고, 인디카는 동·서남아시아(인도, 말레이시아, 인도네시아, 베트남, 태국 등) 사람들이 즐겨 먹는답니다.

그런데 세계 쌀의 90퍼센트는 인디카이고, 자포니카는 10퍼센트밖에 되지 않아요. 이것은 기후와 관계가 있습니다. 날씨가 무더운 동·서남아시아 지역에서는 인디카가 잘 자라고, 동북아시아처럼 사계절이 뚜렷한 곳에서는 자포니카를 키우기에 알맞으니까요. 그리고 인디카가 자포니카보다 월등하게 많이 생산되는 것은 재배 면적이 넓고, 1년에 벼를 2~3번이나 심어서 수확할 수 있기 때문이랍니다.

자포니카는 우리나라와 기후 조건이 비슷한 미국의 캘리포니아 지역에서도 재배되고 있어요. 미국인들의 주식은 밀과 고기류인데 왜 우리가 먹는 자포니카를 재배하는 것일까요? 그것은 오래전부터 아시아에서 건너온 수많은 이민자들이 미국에 뿌리를 내리고 살았기 때문이에요.

미국은 처음에 동양 이민자들을 상대로 쌀을 소비했어요. 그러나 나중에는 쌀이 식량으로서의 가치가 높다는 것을 알고 농토를 넓혀서 수출용 쌀을 재배하기에 이르렀지요.

우리나라와 기후 조건이 다르지만 오스트레일리아에서도 미국과 마찬가지로 자포니카를 집중적으로 재배하고 있답니다. 재배하는 쌀의 70퍼센트는 수출하고 나머지는 자국에서 소비하고 있지요.

오스트레일리아 정부는 농토를 효율적으로 이용하기 위해 쌀을 재배하게 되었어요. 그리고 농부들에게 높은 수익성을 보장해 주고, 생산비의 절반 이상을 보조해 주는 정책을 펴고 있답니다.

우리나라의 밥상 역사

우리나라가 쌀을 재배하기 시작한 시기는 언제쯤일까요? 대략 3000~4000년 전쯤으로 보는 역사학자들이 많아요.

그러나 1981년에 우리나라의 충북 청원에서 7000년 된 볍씨가 발견되었고, 2001년에는 약 1만 4000년 된 볍씨가 발굴되었답니다. 이것은 세계에서 가장 오래된 볍씨로 학계에 정식으로 보고 되었지요. 우리 민족이 생각보다 오래전부터 벼농사를 지었다는 결정적인 증거인 셈이지요.

하지만 우리나라는 쌀의 재배 역사에 비해 대중적인 보급은 뒤늦게 이루어졌습니다. 근대에 와서야 쌀밥이 일반인들에게 보편적인 밥상으로 차려지게 되었으니까요.

고조선에서 조선 시대까지

학자들은 벼농사가 처음 시작된 곳이 인도의 아삼과 중국의 윈난 지역이 아닐까 추측하고 있습니다. 그 시기도 6500년에서 1만 년 전으로 보고 있지요. 그러나 이러한 가정은 말 그대로 추측에 지나지 않아요.

공식적인 기록으로 우리나라에 벼가 등장하여 재배되었던 시기는 고조선 때입니다. 이때의 선조들은 피를 가장 먼저 길렀고, 조, 콩, 보리 등을 차례로 재배하기 시작했어요. 벼는 지리적으로 가까운 중국을 거쳐서 나중에 흘러들어왔기 때문에 재배 시기가 늦은 편이었습니다. 그래서 쌀은 생산되긴 했으나 너무 귀해서 백성들은 구경조차 하지 못했지요. 당시의 벼는 후기 작물로 일부 지역에서 시험 재배하는 수준에 머물러 있었답니다.

고구려, 백제, 신라가 영토 전쟁을 벌이던 삼국 시대에 비로소 쌀밥이 등장하게 됩니다. 남부 해안가를 따라 벼농사가 활발히 이루어진 거예요. 이 시대에는 농사에 필요한 물을 가두어 두기 위해 거대한 제방을 쌓기도 했습니다. 아직까지 남아 있는 김제의 벽골제가 유명하지요.

그러나 이 시대에는 생산량이 많지 않아 쌀은 백성들에게는 그림의 떡에 불과했답니다. 쌀밥은 왕족이나 귀족들만이 맛볼 수 있는 고귀한 음식이었어요. 백성들은 주로 보리를 주식으로 하여 조와 콩을 곁들여 먹었답니다.

그런데 고구려의 내륙에 살던 사람들은 벼에 대해서 아는 것이 별로 없었어요. 벼는 따뜻한 남부 지방에서 북쪽으로 서서히 보급되었는데, 고구려는 한강 이북 쪽의 영토를 가지고 있었거든요. 한강이란 국경선이 벼의 이동을 막아 버린 것입니다. 고구려 백성들은 신라가 삼국 통일을 이룬 뒤에야 벼농사를 알게 되었고, 쌀을 구경하게 되었다고 해요.

쌀은 고려 시대에도 여전히 부족한 곡식이었어요. 늘어나는 인구보다 농토는 적고, 생산량을 늘릴 수 있는 기술 또한 부족했거든요. 백성들은 수수, 보리, 밀 등으로 끼니를 때웠고, 쌀은

쳐다보지 마라. 쌀밥은 왕족이나 귀족들만 먹는 거란다.

역시 귀족과 고급 관리들의 몫이었습니다.

헌데, 이 시기의 쌀은 돈의 가치로 평가되어 물물 교환의 수단이 되었어요. 예를 들면, 쌀 한 되와 닭 한 마리를 바꾸는 식으로 거래가 이루어진 거예요. 관리들은 엽전 대신에 쌀을 월급으로 받았고, 귀족들은 쌀 창고를 저금통 삼아 재산을 모았지요.

우리나라는 조선 시대에 이르러 농업 국가로 발돋움하게 되었어요. 조선 초기부터 조정에서 벼의 경작지를 대대적으로 늘리는 작업을 했답니다. 농사에 필요한 물을 대기 위해 전국 곳곳에 보와 저수지를 만들었고요. 이것을 '수리 시설'이라고 해요.

조선은 농사를 나라의 근본으로 여기고 농부를 선비 다음의 높은 신분으로 대우해 주었답니다. 그래서 생긴 말이 '농자천하지대본'이에요. '하늘 아래 농사꾼이 으뜸'이라는 뜻이지요.

그러나 일반 백성들은 농토가 늘어났음에도 쌀밥을 제대로 먹을 수 없었어요. 대부분의 토지를 벼슬하는 자들과 양반들이 소유하고 있었기 때문이에요.

농부들은 관리들에게 땅을 빌려서 농사를 짓는 처지라 고생한 만큼의 보람을 얻지 못했어요. 수확량의 대부분을 빼앗기다시피 갖다 바쳐야 했으니까요.

농부들은 말로만 신분이 높아졌을 뿐이고 실제로는 가난에 허덕이는 생활을 했답니다. 양반들의 밥상에는 하얀 쌀밥이 떨어지는 날이 없었지만, 백성들은 죽이나 보리쌀로 끼니를 해결했지요.

조선 중기에는 쌀이 금보다도 더 귀했답니다. 임진왜란과 병자호란이라는 두 전쟁을 치르는 바람에 전 국토가 쑥대밭이 되어 버렸으니까요. 애써 만든 경작지는 수풀로 우거지고 저수지는 메말라 버렸습니다. 그래서 쌀뿐만 아니라 다른 곡식들의 수확량도 형편없이 적었어요.

이 시기에는 식량이 부족했던 탓에 모든 백성이 하루에 두 끼의 식사를 했습니다. 양반들은 아침저녁에 쌀밥을 먹었고, 하급 관리들은 보리쌀을 먹었지요. 그러나 일반 백성들은 나무껍질을 벗겨 먹을 정도로 비참한 생활을 했답니다. 탐관오리들이 기세를 부리며 가난한 백성들에게 무리한 세금을 거두어들였기 때문이에요.

삶의 의욕을 잃은 백성들은 산속으로 들어가 숨어 살거나 떠돌이 신세가 되었답니다. 허리가 휘도록 농사지어 봐야 대부분 세금으로 빼앗겨 버렸으니까요. 조선 중기는 농사꾼들의 부족으로 나라도 가난해져서 힘겨운 시대를 보내야 했답니다.

조선 후기에는 과학적인 농업이 대대적으로 이루어졌습니다. 특히 이앙법이 널리 보급되면서 쌀의 생산량이 급속히 늘어났어요.

이앙법은 현재처럼 못자리를 만들어 모를 키운 뒤 일정한 간격으로 심는 농사법이랍니다. 그 전에는 '직파법'이라 하여 볍씨를 논에다 직접 뿌려서 벼를 길렀어요. 직파법은 벼들이 촘촘히 붙어서 자라기 때문에 충분한 영양을 얻을 수 없었지요.

그러나 이앙법은 모끼리 간격을 두고 심었기 때문에 벼의 양분을 빼앗아 먹는 잡초를 제거하기 쉬웠어요. 그래서 쌀의 수확량이 직파법보다 4~5배나 많았답니다.

이 시대에는 이앙법과 함께 일 년에 농사를 두 번 짓는 2모작이 가능해졌어요. 가을에 벼를 수확한 자리에 보리를 심어 봄에 거두어들일 수 있게 된 것입니다.

나라가 풍요로워지자 백성들의 삶도 한결 나아졌습니다. 누구라도 쌀밥을 먹을 수 있었고, 부자 농사꾼은 '천석지기'나 '만석지기'로 불리기도 했지요.

일제 식민지 시대에서 현대까지

일제 식민지 시대는 조선 왕조 시대가 막을 내리고 일본이 우리나라를 다스리던 시기랍니다. 일본은 우리나라를 빼앗으면서 풍요로웠던 곡창 지대를 식량 기지로 만들어 버렸어요. 산미 증식 계획을 통해 우리 땅에서 생산되는 곡식들을 대부분 일본으로 훔쳐 갔습니다. 일제 식민지가 되기 전인 청일, 러일 전쟁이 발생했을 때도 군인들의 전쟁 식량으로 쌀을 약탈해 가기도 했어요. 또한 식민지가 된 다음에는 농부들의 토지를 강제로 빼앗아 버렸기 때문에 천석지기와 만석지기는 옛말이 되고 말았답니다.

　땅을 잃은 사람들은 먹고살 길이 없어서 나라를 떠나기도 했어요. 만주와 옌하이저우(연해주)로 뿔뿔이 흩어져 새로운 땅을 개척하며 살았답니다. 그들의 후손들은 지금도 '조선족'과 '고려인'으로 불리며 머나먼 타국 땅에서 살아가고 있답니다.

　식민지 시대에 일본은 더 많은 쌀을 약탈해 가기 위해 수확량이 많은 벼의 품종을 보급시키기도 했어요. 하지만 우리 민족은 36년 동안이나 나라 잃은 슬픔과 배고픔을 달래며 고통의 세월을 보내야 했답니다.

우리나라는 1945년에 해방을 맞았으나 남북으로 갈라지면서 6·25 전쟁을 치르게 되었어요. 결국은 승자 없는 싸움에 전 국토만 황폐해지고 말았습니다. 국민들은 전쟁이 끝났지만 먹을 것을 구하지 못해 허기진 시절을 보내야 했지요. 쌀은 고사하고 미국의 구호물자를 배급받아 겨우 허기를 채우는 정도였답니다. 그리고 도시 생활자들은 미군들이 먹고 남은 밥을 모아 죽으로 끓여 먹었어요. 이것을 '꿀꿀이죽'이라고 하는데, 돼지 밥을 빗대어 붙인 말이랍니다.

이때는 모두가 너무너무 배고픈 시절이라 '죽지 못해서 산다'는 말이 유행처럼 퍼졌답니다.

1960년대는 식량이 부족하여 해마다 보릿고개에 시달려야 했습니다. 농토가 정비되어 쌀과 보리가 전국에서 재배되었지만, 인구가 급속히 늘어나는 바람에 식량은 늘 부족했지요.

보릿고개는 보리를 수확하기 전까지의 기간인 3~5월을 말해요. 보통은 '춘궁기'라고도 하는데, 이 시기가 되면 집집이 먹을 식량이 바닥나기 마련입니다. 그래서 가난한 국민들은 곡식 대신에 밀가루 죽이나 국수를 많이 먹었어요. 산간 지방에 사는 사람들은 감자와 옥수수를 매일 먹다시피 했고요.

여러분의 할머니, 할아버지 중에는 지금도 감자와 옥수수를 먹지 않는 분이 있을 거예요. 그것은 어린 시절에 감자와 옥수수를 질리도록 먹었기 때문이랍니다.

1960년대 말에는 라면이 등장하여 밥의 역할을 떠맡기 시작했어요. 그런데 서민들에게는 라면도 귀한 음식이라 쉽게 사 먹지 못했답니다.

1970년대는 새마을 운동이 시작되어 전국의 농촌이 새롭게 태어났답니다. 경운기와 같은 농기계가 보급되고 농경지는 반듯하게 정리되었어요. 그 결과 쌀의 수확량이 부쩍 늘어났습니다.

하지만 1970년대 초까지는 쌀 하나로 자급자족할 수 있는 수준은 되지 않았어요. 그래서 당시 정부에서는 쌀과 보리를 섞어 먹는 혼식을 장려했답니다. 쌀밥을 먹으면 각기병이 걸린다며 홍보하고 다녔지요.

예전에는 초등학교에 다닐 때 도시락을 싸 가지고 다녔어요. 그때 선생님들은 혼식을 잘하고 있는지 도시락을 검사했답니다. 쌀밥을 싸 온 학생은 혼쭐이 나곤 했지요.

이 시기에는 쌀의 소비를 줄이기 위해 정부에서 분식 먹기 운동과 쥐잡기 운동을 했습니다. 가정에서는 수제비나 칼국수를 밥 먹듯이 먹으며 쥐 잡는 데 온 신경을 썼지요. 학교에서는 잡은 쥐의 꼬리를 많이 가져오는 아이에게 상을 주기도 했답니다.

　전 국민이 비로소 밥상에 쌀밥을 올리기 시작한 것은 1970년대 중반에 통일벼가 보급되면서부터예요. 통일벼는 키가 크면서도 볍씨가 많이 열리는 품종이었어요. 원래 재배했던 품종보다 생산량을 30퍼센트나 올려 주는 효자 벼였습니다.

　통일벼의 탄생으로 녹색 혁명이 일어나며 우리나라는 쌀의 자급자족 시대를 열게 되었습니다. 그리고 1970년대에 우리나라는 식량의 자급자족을 이룸과 동시에 농업 사회와 산업 사회로 바뀌는 전환기를 맞았답니다.

조상들은 왜 쌀을 선택했을까?

벼는 밭작물보다 재배하기가 까다로운 작물이에요. 쌀 1톤을 생산하는 데 2톤의 물이 필요하고, 아기처럼 돌봐 주어야 건강하게 자랍니다. 봄에 볍씨를 뿌려 농부가 가을에 쌀을 수확하기까지는 무려 88번의 손길이 간다고 해요. 그만큼 벼가 병충해에 약하고 비바람에 쓰러지기 쉬운 약점이 있기 때문이지요. 그래서 어린 자식을 돌보듯 벼를 키우는 농부들은 비가 많이 와도 걱정, 가뭄이 들어도 걱정하며 1년 농사를 짓는답니다.

벼는 한해살이 식물로 성장 기간이 보통 3~6개월 정도 걸려요. 열대 지방은 기후가 따뜻하여 3개월이면 자라지만, 우리나라는 대개 6개월을 길러야 쌀을 수확할 수 있답니다.

벼의 일생

농부들이 한 해의 농사를 어떻게 짓는지 간단하게 알아볼까요?

종자 고르기 : 2~3월에 소금물이나 잿물에 볍씨를 담가 둔답니다. 좋은 종자는 가라앉고 허약한 종자는 물에 뜨지요.

논갈이 : 벼의 그루터기가 남아 있는 논을 갈아엎습니다. 이때는 벼의 뿌리가 충분히 영양분을 흡수할 수 있도록 깊게 갈아 준답니다. 갈아 주기 전에는 거름이 되는 재를 논바닥에 뿌려 두지요.

물 대고 갈기 : 갈아엎은 논에 발목이 찰 만큼 물을 가둡니다. 그리고 트랙터로 여러 번 갈아서 부드러운 진흙 상태로 만들어 두어요. 이것을 '써레질'이라고 하는데, 예전에는 소가 이 일을 대신해 주었습니다.

못자리 만들기 : 갈아 놓은 논바닥에 볍씨를 뿌려 만든 모판을 비닐하우스 안에 가두어 둡니다. 비닐하우스는 온도가 높기 때문에 모를 빨리 키워 낼 수 있어요. 모는 어린 벼로 온실 속에서 한 달쯤 자라야 한답니다.

모내기 : 다 자란 모를 논바닥에 30센티미터 간격으로 심습니다. 이때는 두세 포기씩 겹쳐서 심어요. 옛날에는 농부들이 줄을 서서 모내기를 했지만, 지금은 이앙기가 척척 심어 준답니다.

거름주기 : 모내기를 한 뒤, 일주일쯤 되면 비료를 적당히 줍니다. 비료를 많이 주게 되면 모가 쓸데없이 많이 자라게 되어 새끼 모를 뽑는 데 시간을 낭비할 수 있어요.

물빼기 : 모가 어느 정도 자라면 가두어 놓은 물을 모두 빼 줍니다. 이것은 모의 뿌리를 논바닥에 단단히 고정시키기 위한 작업이에요.

성장기 : 6월부터는 벼가 본격적으로 자라나는 시기랍니다. 이 시기에 농부들은 양분을 빼앗아 먹는 잡초와 피 뽑기, 약 치기 등을 해 주어요. 벼꽃은 8월부터 피기 시작하여 서서히 열매를 맺기 시작하지요.

수확기 : 9~10월이 되면 벼가 누렇게 익습니다. 농부들은 볍씨가 익은 상태를 보고 수확 시기를 결정합니다. 수확할 때는 콤바인이 이동하며 볍씨와 벼를 분리시켜 준답니다. 20년 전까지만 해도 벼 베기를 할 때는 농부들이 일일이 낫으로 베어내야 했어요.

벼는 수확량이 많아요

옛날에 비하면 요즘의 농사는 기계화되어 사람의 손이 훨씬 덜 가는 편이랍니다. 기계화되기 전에만 해도 모내기를 할 때는 온 마을 사람들이 모여서 했어요. 집집이 돌아가면서 서로 모내기를 해 주었지요. 이것을 '품앗이'라고 합니다. 품앗이는 서로 돕는 공동체 문화로 조선 시대에 시작되었지요.

그런데 우리 조상들은 어째서 일손이 많이 필요하고, 재배하기 어려운 벼를 선택하여 농사를 짓게 되었을까요? 벼를 기르는 데 88번의 손이 간다고 하나 예전에는 그보다 더 많은 손길이 갔을 거잖아요.

우리 조상들이 벼를 선택한 이유는 수확량이 다른 작물보다 많기 때문이랍니다. 일정한 공간에 벼와 다른 작물을 심어서 비교했을 때 쌀의 생산량이 월등히 높았으니까요. 수확량이 더 많다는 것은 여러 사람을 더 먹일 수 있다는 뜻이므로 벼가 가장 적합했겠지요. 농업 국가의 핵심은 좋은 농작물을 널리 보급하여 온 백성들을 배불리 먹이는 것이었으니까요. 참고로 현재 우리나라는 농사 기술의 발달로 단위 면적당 쌀의 생산량이 세계에서 제일 높은 국가랍니다.

영양이 높아요

쌀은 생산량도 우세하지만 질적으로도 높은 영양을 가지고 있어요. 필수 영양소인 탄수화물, 단백질, 무기질, 비타민 등이 고루 함유되어 있답니다. 그중에 우리 몸의 신진대사를 돕는 탄수화물이 73퍼센트나 되지요.

여러분은 밥만 먹어도 우리 몸에 필요한 영양소의 60퍼센트가량을 보충할 수 있는 거예요. 더구나 밥에는 콜레스테롤이 거의 없어 성인병과 암

예방에 효과적이고 비만을 막아 주는 데도 그만이에요. 또한 고기나 채소를 곁들여 먹어도 전혀 부담이 없고 조화로운 식단을 짜는 데 안성맞춤이랍니다. 밥은 영양의 불균형을 없애 주고 건강을 지켜 주는 장수 식품이니까요.

우리 조상들이 그 사실까지는 몰랐겠으나 밥을 먹어 보고 쌀이 좋다는 것을 알게 되었어요. 일단 밥은 배를 든든하게 채워 주었고, 계속 먹어도 질리지 않았으니까요. 그래서 여러 가지 작물 중에 쌀을 선택하여 집중적으로 재배하기에 이른 거예요.

기후 조건이 잘 맞아요

벼는 습지 식물로 뿌리를 물속에 담그고 있어야 한답니다. 그래서 물이 넉넉해야 벼를 제대로 길러낼 수 있어요. 다행히 우리나라는 벼를 키우기에 알맞은 기후 조건을 가지고 있습니다.

봄에는 모의 성장에 맞춰 적당한 비가 내려 주지요. 한여름의 고온 다습한 기후는 벼가 자라는 데 최적의 상태를 유지해 줍니다. 한참 물을 빨아들이는 시기에는 장맛비가 내려 벼가 마음껏 자라도록 도와주지요.

가을에는 낮과 밤의 일교차가 커서 좋은 열매를 맺게 해 주는 데 큰 역할을 합니다. 일교차가 클수록 볍씨가 단단하게 여물고 좋은 맛을 내니까요. 이러한 기후의 영향으로 우리 조상들은 거리낌 없이 벼농사를 짓게 된 것이랍니다.

짚은 버릴 것이 없어요

벼의 일생은 '아낌없이 주는 나무'와 같답니다. 태어나서 죽을 때까지 쓸모없이 버려지는 것이 하나도 없어요. 벼가 쌀을 남기고 죽으면 짚이 되는데, 우리 조상들은 이 짚을 모든 생활의 도구로 이용했어요.

초가집 : 집을 지을 때는 짚으로 지붕을 덮었고, 벽에는 황토와 짚을 섞어서 발랐습니다. 초가집은 여름에는 시원하고 겨울에는 따뜻하게 보온 역할을 해 주었지요.

가마니 : 쌀을 담아 두는 자루예요. 옛날에는 쌀을 가마니에 담아 창고에 보관했답니다. 가마니는 습기를 막아 주어 쌀이 눅눅해지는 것을 방지해 주었어요.

땔감 : 밥을 짓거나 방을 데울 때 연료로 사용했어요. 이 때는 쌀 껍질은 겨도 함께 이용했는데, 은은한 열을 고르게 전달하는 좋은 땔감이었답니다. 또한 타고 남은 재는 거름으로 사용했지요.

청국장의 깔개 : 콩을 삶아서 발효를 시키면 청국장을 만드는 콩으로 변한답니다. 그런데 이때 지푸라기를 깐 자리에 콩을 놓아두면 발효가 잘되어 맛있는 청국장 콩이 만들어져요.

소의 밥 : 소는 한 집안의 위대한 일꾼이랍니다. 논도 갈아 주고 무거운 짐을 실어다 주는 일도 맡았지요. 농부들은 소를 잘 먹여야 일이 편했기 때문에 '여물'을 먹였어요. 여물은 짚을 잘게 잘라 삶아서 주는 '소 전용 죽'이었답니다.

도롱이 : 비가 오는 날 짚으로 만든 옷을 입었답니다. 도롱이는 현재의 우비와 같은 것으로 빗물이 새지 않았어요.

새끼줄 : 짚을 손으로 비틀어 꼬면 새끼줄이 되어요. 새끼줄은 밧줄뿐만 아니라 온갖 생활 도구를 만드는 데 이용되었답니다.

멍석 : 짚으로 걸어 네모지게 만든 큰 깔개로 흔히 곡식을 널어 말리는 데 씁니다. 또는 잔치를 열거나 큰 행사가 있을 때 바닥에 깔아서 돗자리 대신 사용하기도 하지요.

짚신 : 가는 새끼줄을 엮어서 만든 신발이에요. 삼국 시대에 서민들의 특허품으로 탄생했으나 조선 시대에 와서는 양반들도 즐겨 신었답니다.

금줄 : 아들을 낳았을 때 대문 앞에 걸어두는 줄이에요. 새끼줄에 고추나 숯을 묶어서 부정타는 것을 막았답니다.

망태기 : 가늘고 튼튼한 새끼줄로 엮어 만든 바구니 같은 거예요. 어깨에 둘러멜 수 있기 때문에 휴대용으로 사용했어요. 풀을 담는 '꼴망태'로 많이 이용했답니다.

우리 조상들은 이처럼 짚 하나로 모든 것을 이용하는 지혜를 가지고 있었답니다. 따라서 농경문화를 정착시켜 준 벼를 선택한 것도 당연한 결과이지요.

 # 쌀과 함께한 민속 문화

쌀은 우리 민족에게 단순한 식량만이 아니랍니다. 우리 조상들은 대대로 쌀을 고귀한 보배로 여겨 왔어요. 농사가 잘되어야 가정이 행복해지고 나라가 부강해졌으니까요. 그래서 한 알의 쌀 속에는 우리 민족의 혼과 뿌리가 담겨 있고, 문화와 전통이 고스란히 배어 있답니다. 여태껏 전해 내려온 풍습을 살펴보면 하나부터 열까지 농경 생활과 관련되어 있어요.

'기우제'는 가뭄 때 지내는 제사랍니다. 옛날의 농사는 절반을 하늘에 맡겨 두다시피 했어요. 농사철에 제때 비가 내리지 않으면 한 해 농사를 망치기 때문이지요. 그래서 마을마다 기우제를 열어 비를 내리게 해 달라고 빌었답니다. 가뭄이 심해지면 각 관청과 나라에서

기우제를 지내기도 했어요.

추수철에는 집집이 다음 해의 풍년을 기원하는 풍습이 행해졌어요. 농사지은 벼 이삭 중에서 튼튼하고 좋은 것을 골라 집 안의 기둥이나 대문에 걸어 두었답니다. 그리고 처음 빻은 햅쌀은 집안을 지키는 성주신과 조상에게 제일 먼저 바쳤어요.

내년에도 풍년이 들어야 할텐데….

'두레'는 마을 사람들이 협동하여 농사일을 돕는 것을 말해요. 모심기, 물대기, 추수하기 등은 개개인이 하기에 어려운 작업이었답니다. 그래서 집집이 서로 돌아가면서 농사일을 거들어 주었어요. 두레는 요즘의 '품앗이'와 비슷한 것으로 상부상조 정신의 스승님이랍니다.

여러분의 부모님이 결혼식이나 장례식장에 갈 때는 얼마씩의 돈을 가지고 갑니다. 그것이 현재의 품앗이로 그 뿌리의 전통이 두레에 있는 거예요.

우리 고유의 농악과 민요도 모두 농경 생활의 공동체 문화에서 비롯된 것이랍니다. 힘든 노동 시간을 즐겁게 해 주기 위해 풍물놀이가 생겨나고, 근심과 시름을 잊기 위해 노랫가락이 탄생했지요.

또한 각 지방에서는 줄다리기, 고싸움, 강강술래 등의 민속놀이가 시작되었어요. 민속놀이는 마을의 협동과 단결을 드높이는 뜻으로 각 고장에서 해마다 열렸답니다.

쌀은 또 다른 먹을거리를 낳았는데, 그것이 바로 떡입니다. 요즘은 떡을 손쉽게 사 먹을 수 있지만 옛날에는 특별한 행사 때, 특별한 의미를 부여하여 떡을 해 먹었답니다.

백설기는 백일 잔칫상에 올리던 떡으로 티 없는 아기의 탄생을 축하하고 장수하라는 뜻으로 만들어 먹었답니다. 백 사람에게 나눠 주어야 장수 효과가 좋다 하여 요즘 백일잔치에도 백설기를 나누어 주는 풍습이 전해지고 있어요.

찹쌀 반죽에 콩가루를 묻혀 먹는 인절미는 아기들의 건강과 관련이 있습니다. 아기들이 잔병치레하지 말고 찹쌀처럼 끈기 있게 자라라는 뜻으로 만들어 먹었지요.

백설기와 인절미는 주로 결혼, 백일, 돌 등의 신성시하는 행사에 쓰였답니다. 반대로 붉은팥이 들어가는 시루떡은 집 안의 귀신이나 액운을 몰아내는 목적으로 쓰일 때 이용되었지요.

여러분은 설날 아침에 밥 대신에 떡국을 먹을 거예요. 이 풍습은 조선 시대부터 전해졌는데, 기다란 가래떡은 '무병장수'를 의미하지요. 흰 떡국은 천지 만물의 새로운 탄생을 알리며 한 해를 깨끗한 마음으로 시작한다는 뜻으로 먹었답니다. 그래서 떡국을 먹어야 한 살을 더 먹게 된다는 풍습이 생겨났지요.

여러분은 '꿩 대신 닭'이라는 속담을 알고 있을 거예요. 이 속담은 떡국에서 유래된 것이랍니다. 예전부터 떡국에는 소고기를 넣어서 먹었어요. 그런데 옛날에는 소고기가 귀해서 꿩을 넣기도 했지요. 그러나 꿩조차 구하지 못한 서민들은 닭을 넣어서 떡국을 만들어 먹었답니다. 그래서 꼭 필요한 것이 없을 때 그와 비슷한 것을 사용하면서 '꿩 대신 닭'이라고 말하는 거예요.

추석을 '한가위'라고 하지요. 한가위에는 보름달을 상징하는 송편을 만들어 먹었어요. 송편은 향기 좋은 솔잎을 깔아서 떡을 찌었기 때문에 붙여진 이름이에요. 반달 모양의 송편은 알이 꽉 찬 열매를 상징한답니다. 이것은 조상님들에게 수확의 기쁨을 전하며 감사의 뜻을 전달하는 의미로 만들어 먹었어요. 그래서 송편 속에 콩, 깨, 밤 등의 햇열매를 넣었답니다.

대보름은 한 해 중에 가장 큰 보름달이 뜨는 날입니다. 이날은 찹쌀, 조,

팥, 수수, 콩으로 만든 오곡밥을 지어 먹었어요. 오곡밥은 다음 해 농사의 부정을 막고 풍년과 흉년을 점치는 수단으로 이용했답니다.

집집이 오곡밥을 지어 부엌에 놓아두고 남들이 몰래 훔쳐 먹게 하는 풍습이 있었어요. 이때는 오곡밥과 여러 가지 나물도 함께 놓아두었는데, 사람들이 오곡밥을 먼저 먹으면 풍년이 들고 나물을 먼저 먹으면 흉년이 든다고 생각했지요.

달집태우기도 농사의 길흉을 점치는 풍속 중의 하나예요. 마을 사람들은 짚과 소나무를 높이 쌓아 달집을 만들어 태웠어요. 이때 불길이 하늘

높이 치솟아 오르면 다음 해에 풍년이 들고, 그렇지 않으면 흉년이 든다고 믿었답니다.

여러분은 시골길을 가다가 논이나 둑에서 불을 지르고 있는 농부들을 본 적이 있을 거예요. 이것은 대보름날 하였던 쥐불놀이에서 시작된 풍속이에요. 볏짚을 태우면 거름이 되어 다음 해에 농사를 짓는 거름으로 이용되기 때문이지요. 그리고 논둑에 불을 지르는 이유는 쌀을 훔쳐 먹는 쥐와 벌레들을 몰아내기 위한 것이랍니다.

어떤 쌀이 좋은가?

앞서 말했듯이 우리가 먹는 쌀은 자포니카랍니다. 중국은 몇 년 전까지만 해도 자포니카보다 인디카를 대량으로 재배했어요. 그런데 지금은 인디카를 키우던 재배지를 자포니카로 바꾸어 나가고 있답니다. 왜 그럴까요? 자포니카의 밥맛이 인디카보다 훨씬 좋기 때문이지요.

국제 벼농사 연구소에서는 세계에서 재배되고 있는 모든 벼의 종자를 보관하고 있답니다. 10만여 종이 넘는 품종의 볍씨를 가지고 있으므로 종자 은행이라고 할 수 있어요. 이 연구소에서는 벼의 품종을 개량하여 더 좋은 쌀을 얻기 위한 노력을 하고 있어요.

그렇다면 좋은 품종의 벼란 어떤 것일까요? 추위에 강하고, 열매를 많이 맺고, 병충해에 강하고, 줄기가 센 벼가 있다면 더할 나위 없이 최고의 벼

라고 할 수 있어요.

하지만 이 모든 조건을 완벽하게 갖춘 벼는 없답니다. 줄기가 튼튼하고 열매를 많이 맺는 벼는 병충해에 약하고, 추위에 강한 벼는 열매를 많이 맺지 못하는 약점을 가지고 있지요. 그래서 새로운 품종 개발 연구가 끝없이 진행되는 거예요.

우리나라의 벼 품종 육성은 일제 식민지 시대부터 시작되었습니다. 당시의 품종 개발 목적은 '수확량이 많은 벼'를 길러내는 것이었지요. 그에 따라 1932년에 국내 최초로 '남선 13호'가 선을 보였지요. 이 벼는 일본인들이 개량하여 보급한 벼보다 수확량이 많았어요. 그래서 1960년대까지 국내 벼 재배 면적의 70퍼센트를 차지하게 되었답니다.

그 뒤에는 남선 13호보다 수확량이 더 많은 '진흥'이 보급되었어요. 그러나 진흥은 오래 길러지지 못했습니다. 1970년대 초에 '통일벼'가 탄생하면서 '수확의 왕' 자리를 물려주게 되었으니까요.

통일벼는 인디카와 자포니카를 교배시킨 것인데, 수확량이 진흥보다 30퍼센트나 높았답니다. 이 통일벼의 출현으로 우리나라는 1975년에 쌀의 자급자족을 이루게 되었지요.

통일벼는 1980년대 초까지 우리의 식탁을 차지했습니다. 그런데 통일벼는 수확량이 많은 대신에 밥맛이 좋지 않은 단점이 있었어요. 쌀알이 쉽게

부서지는 데다 쪄 놓으면 찰기가 부족했지요. 그래서 새롭게 등장한 것이 '동진벼'와 '화성벼'였습니다. 이 벼들은 순수한 자포니카 계열로 수확량보다 품질이 우수한 종이었어요.

1990년대에는 질과 양을 동시에 만족시키는 종이 개발되었어요. '일품

벼'는 자포니카 계열로 수확량도 많고 밥맛이 좋은 종자랍니다. 일품벼의 탄생으로 농부와 소비자들도 만족하는 결과를 가져왔어요.

2000년대에는 소비자들의 소득 수준이 높아지면서 양보다는 질을 따지는 시대가 되었습니다. 소비자들이 값은 비싸더라도 '밥맛이 좋은 쌀'을 찾게 된 것이지요.

'고아미 2호'는 소비자의 기호와 농부들의 부가가치 증대를 위해서 탄생한 종이랍니다. 기본적으로 쌀은 높은 영향에 비해 살이 찌지 않는 효능을

가지고 있어요. 그런데 고아미 2호는 일반 쌀보다 식이 섬유가 세 배나 높아서 살을 빼는 다이어트용으로 더욱 좋다고 합니다. 고아미 2호처럼 건강을 목적으로 하여 재배하는 쌀을 '기능성 쌀'이라고 하지요.

질보다 양이 강조되면서 농부들도 좋은 쌀을 생산하는 데 박차를 가하게 되었습니다. 농가마다 자연적으로 벼를 키우는 유기 농법을 도입한 거예요. 대표적으로 우렁이나 오리를 풀어서 키우는 유기 농법이 있답니다.

우렁이 농법은 벼의 줄기는 안 먹고 잡초만 먹는 우렁이의 생태를 이용한 것이랍니다. 오리 농법은 농약으로 해충을 잡지 않고 오리를 풀어서 해충을 잡아먹도록 한 농법이고요. 유기 농법은 화학 비료를 사용하지 않

기 때문에 무공해 쌀로 품질이 좋답니다. 수확량이 적은 단점이 있으나 일반 벼보다 비싼 값을 받을 수 있는 장점이 있지요.

 껍질을 벗어야 쌀로 태어나요

 우리 속담에 '귀신 씻나락 까먹는 소리'라는 말이 있어요. 이것은 '귀신은 아무것도 먹지 않는데 무슨 씻나락을 까먹느냐'는 뜻이에요. 말도 안 되는 헛소리를 하는 사람을 비꼬아 줄 때 사용한답니다.

 그런데 속담에서 말하는 나락은 낟알의 사투리예요. 벼에서 수확한 한 볍씨를 '낟알'이라고 부르지요.
 볍씨는 감이나 사과처럼 익었다고 따 먹을 수 있는 열매가 아니랍니다. 낟알 수확이 끝난 뒤, 서너 번의 과정을 거쳐야 밥상에 오를 수 있어요.

처음에 수확된 낟알은 물기가 많은 녹말 성분으로 되어 있어요. 그냥 껍질을 벗기면 부서져 버린답니다. 그래서 수확하자마자 몸 말리기 작업에 들어가지요. 여러분은 추수철에 길 위에 널려 있는 낟알들을 본 적이 있을 거예요. 농부들이 낟알의 수분을 말리기 위해 일광욕을 시켜 주는 것이랍니다. 낟알의 수분이 빠져야 녹말이 단단하게 뭉쳐지기 때문이지요.

수분은 85% 정도만 말려 주세요!

낟알은 따가운 가을 햇볕에 말리는 게 제일 좋아요. 그러나 시간이 오래 걸리고 관리하기가 어렵답니다. 그래서 요즘은 대부분 자동화된 건조장에서 말려요. 건조장에서는 낟알의 수분을 85퍼센트 정도만 말려 준답니다. 너무 많이 말리면 나중에 쌀알이 갈라지고 밥맛이 나빠지기 때문이지요. 맛있는 쌀이 되기 위해서는 12~13퍼센트가량의 수분을 지니고 있어야 해요.

몸을 말리고 난 낟알들은 껍질벗기를 해야 비로소 쌀로 탄생하게 됩니다. 껍질 벗기 작업을 '도정'이라고 하는데, 옛날에는 디딜방아나 물레방아를 이용하여 쌀

벼 이삭을 도정기에 넣고….

과 겨를 분리했답니다. 지금은 협동조합으로 이루어진 사일로에서 대량으로 도정 작업을 하고 있어요.

껍질을 덜 벗을수록 영양이 높아요

낟알은 어떻게 벗기느냐에 따라서 쌀의 영양과 맛의 차이가 달라진답니다. 처음에 낟알의 거친 층을 벗기고 나면 누리끼리한 현미가 태어나요. 현미는 씨눈이 파괴되지 않아 영양 면에서 가장 우수한 쌀이랍니다. 일반 쌀에 없는 비타민 B군을 비롯하여 니아신, 판토텐산, 칼슘 등이 함유되어 있지요. 또한 동맥 경화, 노화 방지, 당뇨병 등에 도움을 주는 리놀레산과 토코페롤이 들어 있어 건강 쌀로 인기가 좋아요.

현미의 쌀겨층을 완전히 벗겨내면 우리가 먹는 백미가 된답니다. 백미는 모양도 하얗고 밥맛이 아주 좋습니다. 그러나 쌀겨층에 모여 있는 영양소가 거의 파괴되어 영양 면에서는 현미에 훨씬 못 미쳐요. 영양소의 함유량이 현미의 10분의 1도 안 되니까요.

백미가 귀하던 시대에는 정부에서 '백미를 많이 먹으면 각기병에 걸린다'며 홍보하고 다녔답니다. 쌀보다 보리가 흔한 시절이라 보리의 소비를 장려하기 위한 것이었지요. 그러나 지금은 옛말이 되고 말았답니다. 백미에 부족한 영양소를 반찬을 통하여 얼마든지 보충할 수 있으니까요.

낟알에서 백미로 탄생한 쌀은 포장 작업을 마치고 유통 센터로 이동하게 됩니다. 소비자들은 입맛에 맞는 쌀을 사서 식탁에 올리지요. 여러분은 오늘도 든든한 쌀밥으로 배를 채웠나요?

식량의 미래

쌀은 미래 최고의 식량

전 세계 인구는 2015년 말을 기준으로 73억 명을 넘어섰어요. 이 중에서 약 8억 1500만 명이 기초 식량 문제로 배를 굶고 있어요. 잘사는 나라들은 먹을 것이 넘쳐나지만 가난한 나라들은 먹을 것이 부족하여 힘겹게 살고 있는 거예요.

유엔에서는 인류의 가난 문제를 해결하기 위해 '쌀은 생명이다'라는 슬로건을 내걸고, 2004년을 '세계 쌀의 해'로 정하기도 했답니다. 많은 작물 중에 하필이면 왜 쌀이었을까요? 세계에서 가장 많이 생산되는 곡식은 밀

이나 식량 자원으로서의 가치는 쌀이 훨씬 높기 때문이지요.

밀은 빵이나 과자 등의 원료 형태로 소비되지만 쌀은 그 자체로 주식이 될 수 있으니까요. 그뿐만 아니라 가난한 사람들의 환경이 밀보다는 쌀을 재배하기에 좋은 조건을 가지고 있기 때문이지요.

유엔은 영양 면에서도 밀보다는 쌀이 우수하다는 것을 알고, 쌀을 미래의 식량 자원으로 생각하게 된 것이랍니다. 우리 선조들이 쌀을 선택했던 이유처럼 말이에요.

식량의 위기

쌀과 더불어 모든 잡곡류의 미래는 밝지 않습니다. 2050년쯤에는 지구의 인구가 약 98억 명쯤이 될 것으로 예상한답니다. 그런데 인구의 증가는 식량의 위기를 가져올 수 있어요. 늘어나는 인구만큼 농토의 면적을 늘리기가 어렵기 때문이랍니다. 이 모든 문제는 기후와 밀접한 관련이 있어요.

현재는 엘니뇨에 의한 바닷물의 수온 상승과 오존층의 파괴가 지구의 온난화를 부채질하고 있어요. 온난화는 지구의 공기가 더워지는 것을 말하지요. 여러분은 1도의 온도가 별것 아니라고 생각할 수도 있을 거예요. 그러나 지구 전체로 보았을 때 1도의 온도가 높아지는 것은 사람이 무서운 열병을 앓고 있는 것과 같아요.

이대로 가면 위험한데….

우리 몸의 정상 온도는 36.5도예요. 여기에서 0.5도만 올라가도 열이 나고, 1도가 올라가면 생명의 위협을 느낄 만큼 고열에 시달리게 된답니다.

지구 온난화로 세계 각국은 이상 기후 현상에 시달리고 있어요. 중국의 내몽골 지역은 비가 거의 오지 않아 사막이 점점 늘어나고 있어요. 동남아시아 지역은 때아닌 홍수로 큰 피해를 보고 있는가 하면, 반대로 갈수록 가뭄이 심해지는 지역도 계속 늘어나고 있어요. 이상 기후는 농사에 가장

중요한 물을 넘치게 하거나 부족하게 하여 문제를 일으키고 있는 거예요.

우리나라도 장마철마다 강수량이 넘쳐서 농사를 망치는 농가들이 많아졌습니다. 겨울에는 때아닌 폭설로 집과 하우스를 무너뜨리기도 했지요. 그래서 농토를 늘린다고 하여 먹고살 식량이 해결되는 것이 아니랍니다. 근본적인 해결책은 온난화의 주범인 일산화탄소와 아황산가스 등의 배출량을 줄여야만 하지요.

밥을 먹자

쌀이 남아돌고 있어요

여러분은 세끼를 꼬박꼬박 밥으로 먹나요? 그렇지 않을 거예요. 빵, 우유, 라면, 피자, 또는 그 밖의 인스턴트식품으로 밥을 대신하는 경우가 종종 있을 테니까요.

우리나라는 농업 사회에서 산업 사회로 바뀌면서 식생활이 다양하게 변했답니다. 농업 사회 때는 밥이 전부였지만 지금은 우리의 입맛을 돋우어 주는 먹을거리들이 얼마든지 있으니까요. 예전에는 간식에 불과했던 먹을

거리들이 부식으로 자리 잡으며 밥의 자리를 빼앗아 버린 것이지요. 그 바람에 우리나라는 해마다 쌀의 소비량이 줄어들고 있어요.

1988년에는 1인당 쌀 소비량이 123킬로그램이었으나, 2007년에는 80킬로그램 정도로 줄었어요. 2016년에는 61.9킬로그램으로 떨어졌고요. 그사이 쌀 소비량이 절반 정도 줄어든 거예요. 그래서 지금은 쌀의 자급자족 수준을 넘어서 남아도는 지경에 놓여 있답니다.

여러분이 밥 한 끼 대신에 다른 무엇인가를 먹을 때 한 공기의 쌀이 남게 된다는 사실을 알아야 해요. 우리가 쌀을 소비하지 않으면 나라 안팎으로 커다란 문제점이 생기게 됩니다.

농부들이 설 자리가 없어져요

예나 지금이나 농업은 한 나라 산업의 근본을 이룬답니다. 알다시피 식량은 우리의 목숨이나 마찬가지이기 때문이지요.

농업 사회 때 우리나라는 90퍼센트의 인구가 농업에 종사했답니다. 현재는 그 반대가 되어 산업에 종사하는 인구가 90퍼센트를 차지하고, 농업 인구는 약 10퍼센트밖에 되지 않습니다. 그중에 벼를 재배하는 농부들이 우리 국민들의 주식 문제를 해결해 주고 있어요.

그런데 우리가 밥을 먹지 않게 되면 농부들은 더는 농사를 지을 수 없게 된답니다. 그리고 이로 인한 농업 인구의 감소는 국가적인 큰 문젯거리가 되고요.

세계에서 쌀을 가장 많이 생산하는 국가는 중국이고, 수출을 많이 하는 나라는 태국이랍니다. 그런데 이 두 나라는 쌀을 생산하는 데 필요한 비용이 우리나라의 5분의 1밖에 되지 않아요. 생산비가 적게 드는 만큼 쌀값이 비싸지 않아 판매도 쉬운 편이지요. 중국은 저렴한 쌀값으로 13억이나 되는 인구를 먹여 살리고, 태국은 남아도는 쌀을 싼값에 수출할 수 있으니까요.

그러나 우리나라는 사정이 다르답니다. 우리나라는 쌀의 생산성은 높으나 생산비가 많이 드는 단점이 있어요. 농부들이 한 해 농사를 힘들게 지어도 비룟값을 빼고 나면 남는 것이 없답니다. 그래서 다른 나라에 비해 쌀

　값이 비싸서 쌀이 남아도는데도 외국으로 수출하지 못해요. 우리나라는 우리 땅에서 생산되는 쌀을 스스로 소비시키는 방법밖에 없는 거예요.

　그동안 정부에서는 농민들을 보호하기 위해 해마다 '추곡 수매'를 해 주었습니다. 추곡 수매란 정부에서 킬로그램당 얼마씩 정하여 농부들의 쌀을 사 주는 것이에요. 하지만 이미 재고로 남아 있는 쌀이 많아서 비싼 값에 사 주지 못한답니다.

　농부들은 정부에 쌀을 팔아 보아야 이익이 없으므로 자체 브랜드를 개발하기에 이르렀답니다. 비료를 치지 않은 무공해 쌀을 생산하여 비싸게 파는 방법을 선택한 것이지요.

그러나 아무리 좋은 쌀이라도 소비되지 않으면 농부들은 재고가 쌓여 이윤을 얻을 수 없답니다. 쌀의 생산과 소비가 균형을 이루어야 농부들이 안심하고 농사를 지을 수 있어요. 지금처럼 계속 쌀이 남아도는 추세로 흘러간다면 농부들이 점점 설 자리가 없어진답니다. 농부들은 농사를 지어 봐야 밑지기 때문에 농사를 포기하게 되는 것이지요.

이웃 나라 일본은 쌀의 생산비가 우리나라보다 네 배나 높답니다. 그런데도 생산과 소비가 적당하게 균형을 이루어 농민들의 생활이 안정되어 있어요. 무엇보다 일본인들은 자국에서 생산하는 쌀을 세계 최고로 생각하고, 그만큼 소비하기 때문이지요.

하지만 우리나라는 정부에서 농민들을 위해 다양한 정책을 펴고 있으나 큰 도움이 되지 못하고 있어요. 쌀이 남아도는 원인이 가장 크지요. 우리가 쌀 한 톨이라도 더 먹어 주는 것이 농부들을 지켜 주고, 국가 경쟁력을 높이는 지름길이랍니다.

식량의 노예가 되어요

어느 나라든지 식량을 자급자족할 수 있을 만큼의 농업 인구가 필요합니다. 자급자족이 안 되면 식량의 노예 국가가 될 확률이 높기 때문이지요. 식량은 무기보다 더 무서운 힘을 가지고 있답니다.

한 나라에서 국민들을 먹여 살릴 주식을 확보해 두지 않으면 부족한 식량을 수입해야 해요. 여기에서 국가적으로 큰 위기가 발생한답니다.

쌀을 수출하는 나라는 처음에는 싼값에 쌀을 팝니다. 쌀을 사서 먹는 소비자 입장에서 비싼 국내 쌀보다는 수입 쌀을 사 먹게 되지요. 이렇게 우리가 수입 쌀에 길드는 동안 농부들은 가격 경쟁력을 잃고 줄줄이 농사를 포기하게 되지요.

　그런데 농업 생산자의 감소는 바로 생산량의 감소로 이어지고 정부는 더 많은 쌀을 수입해야 하는 처지에 놓이게 됩니다. 그러다 보면 수입 쌀이 국내 시장을 휩쓸게 되고 쌀을 수출하는 나라는 쌀값을 올리기 시작하지요.

　외국에서 갑자기 쌀값을 두 배 세 배 올려도 우리는 사 먹을 수밖에 없는 처지가 되는 거예요. 때에 따라 자동차 한 대와 쌀 한 가마니를 바꿔 먹게 되는 경우가 생길 수도 있답니다. 누구든지 먹지 않고서는 아무것도

할 수 없으니까요. 식량이 무기보다 무서운 이유가 바로 여기에 있는 것입니다.

여러분 중에는 밥 대신에 다른 것을 먹으면 된다고 생각하는 사람도 있을 거예요. 물론 라면이나 빵 등을 먹을 수는 있겠지요. 하지만 식생활은 하루아침에 바꾸기가 어렵답니다. 우리 몸은 여러분도 모르는 사이에 밥과 김치를 먹도록 인이 박여 있어요.

밥은 우리 민족의 주식으로 여러분은 이미 어릴 때부터 먹고 자라 왔습니다. 자장면을 간식으로 먹을 수는 있지만 일주일 내내 먹을 수 없는 이유도 그 때문이지요.

더 중요한 것은 현재 우리가 먹고 있는 밀가루 음식들의 원료인 밀이 모두 수입한 거라는 점입니다. 우리나라는 세계 인구의 1퍼센트도 안 되는 작은 나라예요. 그런데 밀을 비롯한 콩과 옥수수 등의 잡곡을 거의 수입에 의존하고 있어요. 세계 곡물 시장에서 거래되는 양의 4퍼센트나 수입하고 있으니까요.

따라서 나중에 쌀이 부족해지게 되면 곡물들의 값도 덩달아 오르게 되어 있어요. 곡물도 쌀과 마찬가지로 무기로 바뀔 가능성이 아주 크답니다. 만약에 그런 일이 일어나게 되면 식량의 노예가 되는 것은 순식간이랍니다.

2007년 한국과 미국은 FTA(자유 무역 협정)를 체결했습니다. FTA는 두 나라가 협의하여 서로 상품을 싼값에 사고팔 수 있도록 하는 것입니다. 즉, 서로 관세를 물리지 않아 더욱 저렴하게 상품을 사고파는 것을 말하지요.

　우리나라는 미국에 쌀 개방은 허용하지 않았습니다. 그 이유는 식량의 노예화가 될 수 있기 때문이지요. 식량이 개방되는 순간 농부들은 파산하고 국가의 근본은 흔들리게 되니까요. 그래서 정부는 산업이 아무리 발전해도 국가의 근본인 농업만큼은 지키려고 애쓰는 것이랍니다.

　여러분도 간식을 줄이고 밥을 많이 먹어야 해요. 그래야 농부들이 잘살게 되고 국가도 튼튼해진답니다.

 # 벼가 환경에 미치는 영향

굴뚝 산업의 발달로 점차 농경지가 줄어들고 있는 현실이에요. 농사를 지어야 할 땅에 공장이 들어서면서 환경 오염이 심각해지고 있답니다. 푸른 녹지가 줄어든다는 것은 우리가 신선한 공기를 마실 권리를 점점 잃어 가고 있는 것이나 다름없지요.

벼농사는 단지 식량을 생산하는 데 그치지 않고, 눈에 보이지 않게 어마어마한 가치를 가지고 있답니다. 우리나라의 환경에 영향을 주는 공익적 가치로 따지면 약 20조 원이 넘는다고 해요. 이것은 돈으로 환산한 쌀의

생산적 가치보다 두 배나 높은 것이랍니다. 우리는 벼농사를 통해 눈에 보이지 않는 이익을 끊임없이 제공받고 있는 셈이에요.

논은 물을 가두는 댐이에요

차를 타고 도시를 벗어나면 푸른 녹지를 얼마든지 볼 수 있을 거예요. 우리의 강산은 67퍼센트가 산으로 되어 있고, 농사를 지을 수 있는 경지 면적은 17퍼센트 정도 된답니다. 도시 지역을 제외하면 전 국토의 대부분이 녹지로 되어 있는 거나 마찬가지예요.

이 중에 논은 밭보다 넓은 면적을 가지고 있어요. 그런데 이 논은 환경적으로 여러 가지 기능을 하고 있습니다. 홍수와 가뭄을 조절하는 댐 역할을 하지요. 우리나라의 전체 논에 가둘 수 있는 빗물의 양을 합치면 춘천댐의 저수량보다 24배나 많다고 해요.

논물은 벼의 양분으로 사용되고 나머지는 땅속으로 스며들어 지하수로 저장됩니다. 그 양은 약 157억 5000만 톤이라고 해요. 지하수는 가뭄 때 다시 퍼 올려서 사용할 수 있고, 일

부는 생활용수로 쓰이기도 하지요. 이 과정에서 벼는 화학 비료에 오염된 물을 맑게 정화시켜 주기도 한답니다.

만약에 벼농사를 짓지 않는다면 어떠한 일이 벌어질까요? 장마 때마다 흙이 쓸려서 땅이 못 쓰게 되고 수많은 이재민이 생겨날 거예요. 또한 지하수는 저장되지 않은 채 하천을 따라 강으로 흘러가 버리겠지요. 이것은 곧바로 물 부족 현상으로 이어져 우리는 식수조차 마음대로 먹을 수 없게 된답니다. 국가는 물 문제를 해결하기 위해 막대한 돈을 들여 24개의 춘천 댐을 새로 지어야 한다는 결론이 나오지요. 이것은 국가적으로 큰 손실이고 정부 예산을 낭비하는 꼴이 되고 만답니다.

논은 작은 저수지의 개념으로 우리 생활을 풍요롭게 하는 데 큰 몫을 담당하고 있는 거예요.

벼는 산소를 맑게 해 줘요

지구의 모든 식물은 산소를 공급하는 공장이랍니다. 잎으로 광합성을 하여 나쁜 공기를 정화시킨 뒤, 맑은 산소를 대기로 돌려보내 주지요. 산간 지역이 평지보다 온도가 낮고 신선한 느낌이 드는 것은 나무들이 많기 때문입니다.

벼는 나무보다 공기 정화 능력이 떨어지지만 여러 작물 중에서는 정화 능력이 가장 크답니다. 단위 면적당 나쁜 공기의 흡수량이 제일 많아서 공기를 맑게 해 주는 데 큰 역할을 하고 있어요.

벼는 경작기 면적만큼 대기 중의 나쁜 공기를 정화시켜 준다고 볼 수 있어요. 우리나라 대기의 공기 정화량의 10퍼센트쯤 차지하고 있지요. 아시아 전체로 보았을 때 벼의 공기 정화 능력은 무한대로 넓어진답니다. 아시아는 벼의 재배 면적이 세계에서 가장 넓으니까요.

벼를 기르는 푸른 녹지는 우리에게 정서적인 안정을 주면서도 실질적인 도움도 주고 있는 거예요. 푸른 녹지의 중요성은 아무리 강조해도 지나치지 않답니다.

여러분은 지구의 허파가 아마존이라는 사실을 아시나요? 남아메리카의 열대 우림에 있는 아마존은 지구에서 산소를 가장 많이 내뿜는 산소통이랍니다. 그런데 최근 들어 지구의 허파에 이상이 생겼어요. 갈수록 심해지는 오염 물질 때문에 오존층의 구멍이 점점 커지고 있는 것입니다.

오존층은 대기 중의 막으로 뜨거운 태양 광선을 걸러내어 지구로 보내 주는 역할을 하지요. 특히 자외선을 막아 주어 지구의 생명을 보호하는 기능이 있답니다. 자외선은 사람에게는 피부암을 일으키고 식물을 말라 죽게 하는 광선이니까요.

아마존이 파괴될수록 지구의 온난화가 더욱 앞당겨질 거라는 예측이 나오고 있어요. 남극과 북극의 얼음마저 녹여 버려 대홍수가 날 수도 있다고 합니다.

아시아 국가들도 산업화의 바람이 불면서 대기 오염의 문제를 피해 갈 수 없게 되었어요. 어쩌면 아마존처럼 오존층의 파괴가 빠른 속도로 진행될지도 모른답니다. 그나마 벼농사 지역이 넓어 오존층이 어느 정도 보호되고 있는 현실이에요. 그러므로 벼를 키우는 농경지는 영원히 보존되고 관리되어야 한답니다. 쌀의 생산지는 인류의 식량 기지인 동시에 우리의 숨통이나 다름없으니까요.

논은 생태계의 보물 창고예요

논은 작은 생물들의 고향이에요. 봄에 논의 물을 가두기 시작하면 도랑과 수로를 타고 각종 생물이 고향을 찾아 돌아온답니다. 먼저 어린 시절을 논에서 보냈던 개구리가 찾아와 알을 낳습니다. 뒤이어 미꾸라지, 거머리, 작은 물고기, 우렁이 등이 등장하여 활동을 시작하지요.

수서 곤충인 방개, 물땅땅이, 소금쟁이, 물장군 등도 나타나서 고향 땅을 둘러봅니다. 봄이 무르익어 올챙이가 태어나면 논물은 그야말로 작은 생물들로 북적거리게 되지요. 이때쯤에는 백로와 왜가리들이 나타나 작은 생물들을 사냥하기 위해 논바닥 주위를 어슬렁거리며 돌아다니지요.

벼가 쑥쑥 자라나는 시기에는 여러 종류의 곤충들이 이사를 옵니다. 벼는 사람들의 식량임과 동시에 초식 곤충들의 식량이기도 하니까요. 벼메뚜기와 벼멸구가 진을 치기 시작하면 육식 곤충과 새들이 출동하여 해충들을 잡아먹습니다. 하루살이와 모기떼는 논물에 알을 낳기 위해 모여들다가 잠자리와 거미의 먹이가 되곤 하지요.

논은 이처럼 다양한 생물들을 불러들이는 생태계의 보물 창고랍니다. 생물들은 먹이가 풍부한 논을 무대로 아옹다옹 다투며 살아갈 수 있는 거예요.

그러나 요즘은 작은 생물들의 개체 수가 갈수록 줄어들고 있어요. 심지어는 멸종 단계에 이른 종도 있답니다. 방개와 버들붕어는 예전에 논이나

도랑에서 어렵지 않게 만날 수 있는 종이었어요. 그런데 지금은 찾아보기가 어려워졌답니다. 독성이 강한 살충제와 농약이 시시때때로 뿌려져 작은 생물들이 살 수 없게 되었기 때문이지요. 사람들이 생태계의 균형을 깨뜨려 생물들이 살아갈 수 없는 환경이 되고 만 거예요.

불행 중 다행인 것은 환경에 대한 사람들의 인식이 많이 바뀌었다는 사실이에요. 사람들은 건강을 먼저 생각하게 되었고, 농가들은 유기 농법으로 농사를 짓기 시작했어요.

그 결과 멸종 위기에 놓인 생물들이 하나둘씩 돌아오고 있답니다. 멸종 위기종으로 분류되기도 했던 긴꼬리투구새우가 2007년 6월 경북 문경시의 한 논에서 발견된 뒤 다시 서식하고 있어요.

긴꼬리투구새우는 몸길이 5센티미터 정도로 3억 년 전 모습 그대로 진화가 멈춰 있어 살아 있는 화석으로 불리지요.

이런 사실은 병들었던 생태계가 다시 살아나고 있음을 말해 주는 것입니다. 문경시 농업 기술 센터에서는 이 긴꼬리투구새우가 모기의 유충이나 물벼룩, 개구리밥 등을 먹기 때문에 앞으로도 친환경 농업에 적용할 수 있도록 계

논은 생태계의 보물 창고구나!

속 연구 개발해 나갈 계획이라고 합니다.

  정부도 친환경 쌀을 재배하는 쪽으로 정책을 펼치고 있어요. 현재 양보다 질을 앞세운 새 품종의 볍씨를 개발하여 일부 농가에 보급시켜 놓은 게 그 예랍니다. 그 농가들은 유기농 비료와 새 종자를 무료로 받아 시험 재배하고 있답니다. 새 품종의 볍씨는 병충해에 강한 종자여서 최소한의 농약만 사용해도 된다고 해요.

  이러한 노력이 결실을 보게 되면 사람과 생물이 공존하는 시대가 열리게 될 거예요. 푸른 들판은 자연의 논으로 부활하여 생태계의 보물 창고 역할을 톡톡히 할 테니까요.

쌀 관련 상식 퀴즈

여러분은 쌀에 대해 이것저것 알게 되었을 거예요.
얼마나 알고 있는지 퀴즈를 풀어 볼까요?

01 곡식을 큰 범위로 무엇이라고 부르나요?

02 한 나라 사람들이 주로 먹는 곡식을 ....이라고 해요.

03 쌀의 90퍼센트는 아시아 국가에서 생산돼요. (○, ×)

04 인류가 곡식을 처음 먹기 시작한 때는 언제인가요?

05 신석기 시대에는 땅에 씨앗을 뿌려 ....를 지었어요.

06 구석기인들은 동물을 길들여서 가축으로 길렀어요.
(○, ×)

07 곡식은 인류의 ＿＿＿＿＿을 일으키는 데 큰 역할을 했어요.

08 전 세계인들이 가장 많이 먹는 곡식은 밀과 쌀이에요.
(○, ×)

09 빵을 만들 수 있는 곡식은 ＿＿＿＿＿이에요.

10 우리가 먹는 쌀의 종은 무엇일까요?

11 동남아시아 국가들은 주로 인디카종을 재배하고 있어요. (○, ×)

12 세계에서 가장 오래된 ＿＿＿＿＿가 충북 청원에서 발견되었어요.

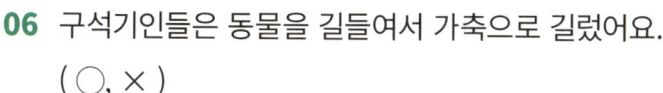

13 쌀은 고조선 때부터 주식으로 자리 잡았어요. (○, ×)

14 삼국 시대에는 귀족들만 ＿＿＿＿＿을 먹을 수 있었어요.

15 쌀을 월급으로 받았던 때는 언제인가요?

16 본격적으로 벼농사를 짓기 시작한 때는 언제인가요?

17 '농자천하지대본'은 무슨 뜻인가요?

18 조선 시대에는 양반과 백성들이 똑같이 쌀밥을 먹었어요. (○, ×)

19 ＿＿＿＿＿은 직파법보다 수확량이 많은 농법이에요.

20 한 농토에 일 년에 두 번 농사를 짓는 것을 무엇이라고 하나요?

21 일본은 우리나라를 지배할 때는 곡창 지대를 식량 기지로 이용했어요. (○, ×)

22 보릿고개를 다른 말로 ＿＿＿＿＿라고 해요.

23 1970년대 전 국민들에게 쌀밥을 먹게 해 준 벼의 품종은 무엇일까요?

24 쌀과 보리를 섞어 먹는 것을 ＿＿＿＿＿이라고 해요.

25 쌀 1톤을 생산하는 데 2톤의 물이 사용돼요. (○, ×)

26 볍씨를 뿌려 쌀을 수확할 때까지 약 몇 번의 손길이 필요한가요?

27 조상들이 쌀을 선택한 이유는 생산량이 많고 ....이 높아서예요.

28 좋은 볍씨는 물에 띄었을 때 둥둥 떠다녀요. (○, ×)

29 못자리판에서 키우는 어린 벼를 무엇이라고 부르나요?

30 일정한 간격으로 심는 현재의 모내기는 이앙법이에요. (○, ×)

31 집집이 돌아가면서 모내기를 해 주는 것을 ....라고 해요.

32 쌀에 가장 많이 들어 있는 영양소는 무엇인가요?

33 볍씨를 떼어낸 벼의 줄기를 무엇이라고 하나요?

34 짚으로 만들어 쌀을 담아 두던 자루를 ....라고 불러요.

35 홍수 때 지내는 제사는 기우제예요. (○, ×)

36 마을 사람들이 협동하여 서로 농사일을 거들어 주던 고유의 전통은 무엇인가요?

37 떡국은 설날에 먹는 음식이에요. (○, ×)

38 추석 때 솔잎을 깔아 만든 떡은 무엇인가요?

39 갓 추수하여 찧은 쌀을 햅쌀이라고 해요. (○, ×)

40 다섯 가지 곡식을 섞어 대보름에 해 먹는 밥을 ⋯⋯⋯⋯⋯⋯이라고 해요.

41 달집태우기는 다음 해 ⋯⋯⋯⋯⋯⋯의 풍년과 흉년을 점치는 놀이였어요.

42 우리나라는 1975년에 쌀의 ⋯⋯⋯⋯⋯⋯을 이루었어요.

43 현재 우리가 먹고 있는 쌀은 통일벼예요. (○, ×)

44 기능성 쌀은 건강을 목적으로 재배되는 종이에요. (○, ×)

45 벼에서 떼어낸 볍씨를 무엇이라고 하나요?

46 쌀의 주성분은 녹말이에요. (○, ×)

47 볍씨의 껍질은 무엇이라고 하나요?

48 도정은 볍씨의 굵기를 가려내는 작업이에요. (○, ×)

49 쌀겨층을 얇게 벗겨 영양을 높인 쌀은 무엇인가요?

50 쌀의 해를 지정했던 국제기구는 무엇일까요?

51 주로 밀은 ＿＿＿＿＿의 원료로 사용되고
    ＿＿＿＿＿은 주식으로 소비되고 있어요.

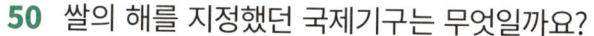

52 지구가 더워지는 것을 ＿＿＿＿＿라고 해요.

53 엘니뇨는 바닷물이 차가워지는 현상을 말해요. (○, ×)

54 ＿＿＿＿＿가 늘어나면 날수록 식량이 부족해져요.

55 홍수와 가뭄으로 농사를 망치는 것은 물이 많거나 적어서 생기는 문제예요.
    (○, ×)

56 미래 식량에 가장 위협이 되는 것은 무엇일까요?

57 이상 기후를 막을 수 있는 현실적인 방법은 일산화탄소와 아황산가스 등의 배
    출량을 줄이는 거예요. (○, ×)

58 주식 대신에 간편하게 먹을 수 있는 음식을 무엇이라고 하나요?

59 우리나라는 예전의 ＿＿＿＿＿에서 산업 사회
    로 바뀌었어요.

60 해마다 쌀의 소비량이 줄어들고 있는 원인은 무엇
    일까요?

61 우리나라는 쌀의 생산성은 높으나 _____가 많이 드는 단점이 있어요.

62 우리나라는 쌀이 부족하여 수출이 어려워요. (○, ×)

63 유기농 쌀을 무공해 쌀이라고도 불러요. (○, ×)

64 정부에서 농민들의 쌀을 사들이는 것을 무엇이라고 하나요?

65 쌀이 소비되지 않으면 쌀값은 계속 올라가요. (○, ×)

66 우리나라보다 쌀의 생산비가 훨씬 높은 나라는 어디인가요?

67 쌀을 수입하게 되면 나중에 _____의 노예가 될 수 있어요.

68 농업은 한 나라 산업의 근본이에요. (○, ×)

69 콩이나 옥수수 같은 작물을 잡곡이라고 불러요. (○, ×)

70 자유 무역 협정은 두 나라끼리 물건을 비싸게 팔기 위해 체결하는 협약이에요. (○, ×)

71 벼는 홍수와 가뭄을 예방하는 _____ 역할을 해요.

72 벼는 지하수와 산소를 맑게 해 주어요. (○, ×)

73 지구의 허파로 불리는 곳은 어디인가요?

74 작물 중에 단위 면적당 나쁜 공기의 흡수량이 제일 많은 것은 .... 예요.

75 올챙이와 물장군이 사는 자연 생태계의 보물 창고는 어디인가요?

정답
01 식량 | 02 주식 | 03 ○ | 04 구석기 시대 | 05 농사 | 06 × | 07 문명 | 08 ○ | 09 밀 | 10 자포니카 | 11 ○ | 12 볍씨 | 13 × | 14 쌀밥 | 15 고려 시대 | 16 조선 시대 | 17 하늘 아래 농부가 으뜸이다 | 18 × | 19 이앙법 | 20 이모작 | 21 ○ | 22 춘궁기 | 23 통일벼 | 24 혼식 | 25 ○ | 26 88번 | 27 영양 | 28 × | 29 모 | 30 ○ | 31 품앗이 | 32 탄수화물 | 33 짚 | 34 가마니 | 35 × | 36 두레 | 37 ○ | 38 송편 | 39 ○ | 40 오곡밥 | 41 농사 | 42 자급자족 | 43 × | 44 ○ | 45 낟알 또는 나락 | 46 ○ | 47 겨 | 48 × | 49 현미 | 50 유엔 | 51 빵, 쌀 | 52 온난화 | 53 × | 54 인구 | 55 ○ | 56 이상 기후 | 57 ○ | 58 인스턴트식품, 패스트푸드 | 59 농업 사회 | 60 밥 대신에 다른 것을 먹는다 | 61 생산비 | 62 × | 63 ○ | 64 추곡 수매 | 65 × | 66 일본 | 67 식량 | 68 ○ | 69 ○ | 70 × | 71 댐 | 72 ○ | 73 아마존 | 74 벼 | 75 논

쌀 관련 단어 풀이

곡식 : 사람의 식량이 되는 쌀, 보리, 콩, 조, 기장, 수수, 밀, 옥수수 따위를 통틀어 이르는 말.

진화 : 생물이 생명의 기원 이후부터 점진적으로 변해 가는 현상.

열대성 저기압 : 중심 최대 풍속이 풍력 계급 7 이하인 열대 저기압.

사이클론 : 벵골만과 아라비아해에서 발생하는 열대성 저기압. 성질은 태풍과 같으며 때때로 해일을 일으켜 낮은 지대에 큰 재해가 발생함.

임진왜란 : 조선 선조 25년(1592)에 일본이 침입한 전쟁. 선조 31년(1598)까지 7년 동안 두 차례에 걸쳐 침입했으며, 1597년에 재침략한 것을 정유재란으로 달리 부르기도 함.

병자호란 : 조선 인조 14년(1636)에 청나라가 침입한 난리.

산미 증식 계획 : 쌀 생산량을 늘려 우리나라를 식량 공급지로 만들기 위해 일제가 실시한 농업 정책.

청일 전쟁 : 1894년에 조선의 동학 농민 운동에 출병하는 문제로 일어난 청나라와 일본 사이의 전쟁.

러일 전쟁 : 1904년에 한반도와 만주에 대한 지배권을 둘러싸고 러시아와 일본 사이에 일어난 전쟁.

자급자족 : 필요한 물자를 스스로 생산하여 충당함.

각기병 : 비타민 비 원(B1)이 부족하여 일어나는 영양실조 증상. 말초 신경에 장애가 생겨 다리가 붓고 마비되며 전신 권태의 증상이 나타나기도 함.

농업 사회 : 인구의 대부분이 농업에 종사하는 사회.

산업 사회 : 사회 구조의 기본 성격이 공업화에 의하여 규정되고 재편되어 있는 사회.

트랙터 : 무거운 짐이나 농기계를 끄는 특수 자동차.

콤바인 : 곡식을 베는 일과 탈곡하는 일을 한꺼번에 하는 농업 기계.

신진대사 : 생물체가 몸 밖으로부터 섭취한 영양물질을 몸 안에서 분해하고, 합성하여 생체 성분이나 생명 활동에 쓰는 물질이나 에너지를 생성하고 필요하지 않은 물질을 몸 밖으로 내보내는 작용.

콜레스테롤 : 잘 분해되지 않는 지방 성분. 핏속에 이 성분이 많아지면 동맥 경화증이 나타남.

농경문화 : 곡물 재배의 농경을 경제 기반으로 하여 형성된 문화.

상부상조 : 서로서로 도움.

사일로 : 저장탑. 엔실리지를 만들기 위하여 돌, 벽돌, 콘크리트 따위로 만든 저장고.

니아신 : 알칼리성 비타민.

판토텐산 : 수용성 비타민 비(B) 복합체의 하나.

리놀레산 : 소화가 잘되는 지방산의 종류.

토코페롤 : 식품이 쉽게 상하는 것을 막아 주는 방지제.

엘니뇨 : 남아메리카 페루와 에콰도르의 서부 열대 해상에서 바닷물 수온이 평년보다 높아지는 현상.

관세 : 무역하는 나라끼리 물건을 사고팔 때 내는 세금.

수서 곤충 : 물속에서 사는 곤충을 통틀어 이르는 말.